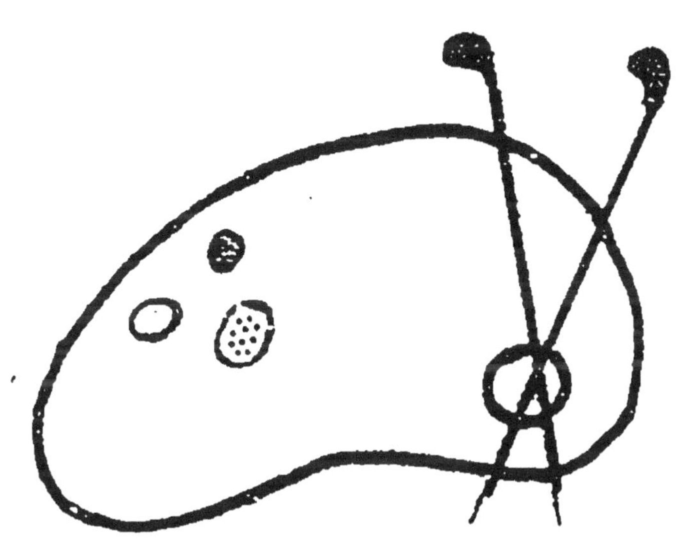

Couvertures supérieure et inférieure
en couleur

SECONDE ET DERNIÈRE

LETTRE

D'UN HABITANT DES VOSGES.

Quand l'auteur d'un écrit qui peut donner lieu à quelque responsabilité ne veut pas y mettre son nom, il me parait assez convenable que du moins celui qui sé charge de le publier le signe.

SÉNANCOUR, ÉDITEUR.

SECONDE ET DERNIÈRE

LETTRE

D'UN HABITANT DES VOSGES,

PUBLIÉE

PAR M. DE SÉNANCOUR.

PARIS,

CHEZ CHANSON, IMPRIMEUR-LIBRAIRE,
Rue des Mathurins-Saint-Jacques, n° 10;

ET CHEZ LES MARCHANDS DE NOUVEAUTÉS.

1814.

SECONDE ET DERNIÈRE

LETTRE

D'UN HABITANT DES VOSGES.

——

Vous regardez ma condescendance comme une sorte d'engagement : afin de tout concilier, je le remplis, mais en vous écrivant pour le rompre. A ma première Lettre (qui n'eût pas mérité les honneurs de l'impression dans la capitale, s'il y eût eu à cela quelque honneur), vous pouvez donc joindre celle-ci, dans laquelle je passe aussi librement d'un sujet à un autre, sans prendre le soin peu utile d'en former un tout.

Vous me parliez dernièrement de proposer mes idées sur le Projet de Constitution. Je vous renverrais, à plusieurs égards, aux *Réflexions sur les Constitutions, la distribution des Pouvoirs, etc.*; vous y remarqueriez, entre autres choses particulières, ce que dit M. de Constant sur l'avantage d'envoyer les malfaiteurs dans des colonies, où ils pourraient *recommencer la vie sociale* (1).

En général, j'ai très-peu d'idées sur une Constitution pour la France, mais je sais du moins une chose, et je crois la bien savoir; c'est que les institutions naturelles, les lois exactement bonnes, auxquelles plusieurs personnes ne paraissaient pas éloignées de songer encore, exigeraient, en premier lieu, que dans nos villes, et même dans nos campagnes, on changeât et les hommes et les choses.

Que voudrait-on? les mœurs de l'Euphrate et les lois de l'Alphée!

J'ai vu quelques *républicains* des grandes villes : je leur ai proposé d'aller vivre dans l'Unterwalden, où moi-même j'ai vécu; mais ils craignaient la pauvreté, l'ennui, le travail obscur. J'ai dit à ces hommes libres : Vous n'aimez pas précisément la servitude; mais ce que vous ne sauriez souffrir, c'est la liberté.

N'attendons rien d'un pays riche, d'un pays où l'on tient à des jouissances qui, par la nécessité même des choses, sont exclusives.

---

(1) Il faudrait donner l'inspection morale de cet établissement dans les colonies à un homme juste, simple, instruit, fait pour obtenir une influence durable sur les esprits, à un homme sans passions.

Si vous voulez être libres, allez au Kentuc-
ky; si vous voulez du sang et des désastres,
essayez de donner à la Seine, à l'Elbe, à la
Tamise, la liberté des tribus du Désert.

Dans notre Occident, et ailleurs, il faut
qu'un peuple soit en état d'entretenir une armée considérable : or tout peuple puissant,
tout grand peuple n'a autre chose à faire que
d'espérer des distractions. Et même à mille
lieues de nous, si vous n'êtes loin des rivages
et derrière vingt forêts, vous n'aurez point
d'asile; l'art de naviguer vous livre à l'agres-
sion du premier chef d'escadre qui trouvera
bon d'aller s'illustrer dans votre hémisphère.

Cependant l'Europe ne sera pas livrée à des
maux extrêmes : la force de l'opinion la sau-
vera. Il ne s'agit pas d'être bien; mais on
peut se proposer de n'être pas très-mal. Que
faire donc? Avoir soin qu'un grand nombre
d'hommes aient des idées justes : alors il y
aura une certaine paix, un certain bien-être.

Mais si la supposition d'une entière liberté
est devenue ridicule au milieu de nos habitudes, celle d'une autorité absolue est incom-
patible avec nos lumières, et, plus qu'on ne
pense, avec notre caractère même.

Ceux qui veulent que la puissance des Monarques soit illimitée, que dans la confiance

présente on se livre à leurs descendans inconnus, que, portant jusque dans ces rapports sérieux l'aimable délire des passions, on jouisse du sacrifice même, ainsi que des dangers possibles, et que l'attachement se signale par un beau dévouement bien théâtral; ceux-là s'autorisent de la sûreté que les enfans trouvent dans une aveugle soumission à leur père. Cette similitude n'est point juste, quelque rebattue qu'elle soit. L'affection des Rois pour les peuples n'est pas un penchant naturel : s'ils désirent le bonheur des hommes qu'ils gouvernent, c'est par raison, par amour du devoir, par une sorte de sensibilité magnanime, trop générale, trop vague pour avoir beaucoup de force chez la plupart des Princes. Et, outre que dans les familles les sentimens paternels sont beaucoup moins rares, les enfans ont une garantie que vous ôtez aux sujets. La loi punit dans les pères l'abus de l'autorité : si vous voulez que le pouvoir royal ressemble au leur, souffrez aussi que les Monarques soient guidés ou même retenus par la force, par la rectitude des institutions. Que le roi Jagellon et tant d'autres aient soutenu que les Rois n'avaient de comptes à rendre qu'à Dieu, cela pouvait convenir quand Dieu appesantissait visiblement son bras sur tous les

Rois prévaricateurs ; mais depuis que les Au-reng-Zeb meurent centenaires, il paraît sage de ne se point réduire volontairement à la terrible nécessité des révoltes. La France est désormais placée entre le despotisme et la liberté, a-t-on dit quelque part (1).

« La combinaison de l'ancienne et de la » nouvelle noblesse est une heureuse et libé-» rale idée, selon M. de Constant. La pre-» mière, ajoute-t-il, donnera à la seconde le » lustre de l'antiquité ; et celle-ci, composée » heureusement en grande partie d'hommes » couverts de gloire, apporte en dot l'éclat » des triomphes militaires ». S'il ne résulte de cette disposition qu'une rivalité de gloire (et le besoin de l'union vivement senti peut le faire espérer), il n'est rien de possible à la valeur humaine que la France et le Roi ne doivent attendre de la nécessité de rappeler, dans une sorte de concurrence, tant d'actions glorieuses, et tant de glorieux ancêtres. Si par des malheurs imprévus la guerre éclatait de

---

(1) Dans plusieurs pages de la feuille intitulée *Réponse à quelques pamflets contre la Constitution*, vous trouverez sur ce système du pouvoir royal presque illimité des réflexions dont la justesse est évidente.

nouveau, l'on verrait sur le champ de bataille les dignes héritiers des plus grands noms de la France à côté de ses généraux immortels; les prodiges d'une héroïque fraternité renouvelleraient tous les souvenirs; et les diverses dates du même genre d'illustration se confondraient dans l'une de ces journées qui, en rendant plus simples les calculs diplomatiques, deviennent une ère nouvelle.

Mais que ce jour soit loin de nous! Ce sont des choses bonnes qu'il nous faut, plus encore que des choses éclatantes. Songeons surtout à ce qui pourrait terminer toutes les difficultés. La paix de Tilsitt n'a pas eu les résultats qu'elle eût pu avoir; mais celle de 1814 en laisserait entrevoir de plus grands encore. Je suppose l'union des trois premières puissances, une union particulière qui ne pouvant avoir pour but d'asservir, sans gloire et sans profit, d'autres États moins puissans, établirait une paix profonde sur le globe, c'est-à-dire du Shannon jusqu'au Gange, et des grands lacs jusqu'aux rivages de Buenos-Ayres : cette Triumarchie imposante, et même irrésistible, ne condamnerait pas à l'inaction l'inquiétude d'esprit des Européens. Sans opprimer aucun pays, que d'établissemens les Russes pourraient faire en Asie, les Anglais en

Amérique, les Français dans l'Afrique occidentale, etc.! Je n'oublie pas cette difficulté que présente la suprématie des mers : on avait cru d'abord ici que par un mouvement généreux....... qu'enfin il prenait à l'Europe une folie de sagesse ; mais ce sont des idées de petites villes. Je remarque toutefois que dans l'hypothèse non moins hasardée de cette Triumarchie rien ne compromet les intérêts de l'Angleterre. Ainsi j'interdis aux Français l'Égypte, parce que l'Égypte entre leurs mains paraîtrait le signal de l'agitation de l'Ancien-Monde : les desseins que l'on pouvait avoir il y a quelques années seraient maintenant ou impraticables ou inutiles. Ce que je cherche dans cette union particulière de trois, ou au moins de deux grandes puissances, c'est la durée de la paix générale. Comment la paix entre vingt États subsistera-t-elle, si elle n'a pas une garantie dans la politique de ces cabinets expressément unis pour la maintenir (1)?

---

(1) Revenir maintenant à l'ancienne idée de la balance de l'Europe, ce serait une vaine tentative. Il est toujours dangereux de méconnaître les besoins pressans, et de mettre la routine à la place de la politique. S'il se trouvait qu'il n'y eût plus que deux puissances sur le continent, c'est entre elles qu'il faudrait songer à maintenir l'équilibre, à prolonger la paix.

Vous oubliez, me dirait-on, l'état présent des choses. L'*Europe en armes* veut que désormais la France ne lui donne plus d'inquiétude. — Il faut donc, ou satisfaire ses prétentions les plus modérées, ou la détruire. — La détruire! Non. Il eût pu être question de la partager, mais cela eût demandé...... du temps. La satisfaire! reconnaître pour frontières ses limites naturelles, ou consulter à cet égard le vœu des Pays-Bas, ôter ainsi pour long-temps aux Français tout prétexte, tout motif raisonnable de songer à s'agrandir, j'avoue que cela est spécieux. — Et serait fort simple. — Oui, si des considérations particulières.... Au reste, voici qui est plus simple encore : isoler la France, la laisser sans amis..... — En sorte que rien ne la préservera du malheur de se choisir encore des ennemis. — Soit; mais sa lassitude, sa faiblesse....—Y croyez-vous?—Pas absolument; mais elle s'occupera de deux ou trois colonies chétives ou ravagées qu'elle conduira un jour comme elle les conduisait autrefois; et qui, en attendant, lui procureront avec de belles perspectives de fortes dépenses. Ses bourgeois, voyant du sucre français, se croiront les maîtres du Nouveau-Monde. Elle aura un essai de marine que nous ferons disparaître à la

première occasion. Convaincue par les Journaux qui s'en occupent déjà, que des souvenirs de plantations dans les Antilles, et des
maladies vers les bouches du Maragnon lui
conviennent bien mieux que la Flandre, Liége
et le Brabant, elle se verra avec joie dans ses
limites du dix-huitième siècle, et par consé-
quent aussi puissante que sous Louis XIV.—
Bien que la Russie et l'Angleterre aient beaucoup plus de pouvoir aujourd'hui, et beaucoup plus d'influence dans le reste de l'Europe. C'est ainsi, par exemple, que la Suisse,
revenant à ses limites d'Uri, Schweitz, Unterwalden, serait assez forte contre l'empire actuel d'Autriche, puisque ces cantons seuls ont
pu résister à l'Autriche du quatorzième siècle.
—Justement. D'ailleurs il est plus d'un moyen
d'humilier la France. — Sur lesquels je ne
puis rien dire, ne les concevant pas. Etrangers,
ne vous y trompez point; la condescendance,
l'humilité politique de la plupart de ceux qui
écrivent ne vous donneraient. qu'une idée
très-fausse de l'esprit de la partie de notre
population qu'il faut seule consulter, parce
qu'elle a seule quelque influence sur les événemens. Et ne dites point que c'est moi qui
m'abuse au fond d'une province. Souvenez-
vous que la majorité n'est point dans la mul-

titude. Laissez les gens *fruges consumere nati*. Observez ceux qui sont hommes. Accueilli par les Français avec une sorte d'empressement, on n'en doit pas conclure que dans leurs dispositions à estimer les autres, ils fassent peu de cas d'eux-mêmes. Cette manière honnête qui change pour nous les hôtes en amis; cette hospitalité, la seule qui soit permise dans nos temps modernes, ne compterait pas au nombre de ses maximes celle d'endurer les offenses. Et quant à l'esprit de dénigrement qui semble animer les Français contre la France, rien sans doute n'est plus propre à faire illusion, mais ce n'est encore qu'une apparence. C'est une de ces choses qui semblent d'abord inexplicables, un de ces mouvemens moins simples que la nature oppose aux mouvemens ordinaires. Un frondeur est souvent un homme vain. Tout lui semble parfait dans les individus, à en juger par lui-même. Pourquoi donc, se dit-il, un pays habité par de tels hommes n'est-il pas, sans aucune comparaison, le premier du monde? il faut qu'on l'ait fort mal gouverné. Enfin, c'est ainsi qu'un Français aime sa patrie, comme ces enfans un peu mutins qui ne boudent que ceux dont ils ne peuvent se séparer. Blâmez l'administration, criez contre tout ce qui tient à la chose publique, le

Français applaudit. Vantez l'étranger, il applaudit encore : mais essayez devant lui de prononcer avec dédain ce noble nom de France, fût-il à Tunis même, l'indignation le soulèverait, il braverait vos chaînes et vos cimeterres. Au défaut d'une raison inébranlable, du moins il a dans sa mobilité, qui le rend assez difficile à connaître, un sentiment délicat de la dignité de l'homme, un goût passionné pour l'honneur. Et vous-mêmes, vous en êtes convaincus. Dans les temps les plus désastreux que l'avenir puisse nous réserver, nul négociateur n'imaginera de nous soumettre à l'ascendant d'un peuple plus favorisé du sort, de nous proposer d'armer pour sa cause, et d'en recevoir une honnête récompense.

J'ai trouvé dans le *Tableau politique de l'Europe, depuis la bataille de Leipsick*, des connaissances, plusieurs vues fort justes, et surtout beaucoup d'art. Je ne sais si jamais on a mis d'une manière plus heureuse les mots à la place des choses. Ces vingt pages de phrases adroitement vagues et d'antithèses variées avec esprit montrent bien, ce qui est très-certain, que l'autorité de Buonaparte n'était pas bienfaisante, que ses moyens n'étaient pas irréprochables; mais les dissertations les plus ingénieuses ne sauraient prouver qu'il n'ait dû qu'à des mensonges diplomatiques ses succès militaires, et à des succès militaires plus apparens que réels, des traités mal-à-propos favorables. Cela ressemble trop à une plaisanterie ; on dirait que les conventions furent toutes des surprises, et que trente armées furent escamotées : il faut me passer un tel mot, car en général l'auteur de cette espèce de manifeste des étrangers contre Buonaparte (mais aussi contre la France) les suppose vaincus par hasard, ou renonçant à une partie de leurs États par bonhomie. Il y a même des cas où après avoir *écrasé* cet aventurier, ils ont la complaisance de lui laisser gagner avec ses troupes détruites une bataille qui met dans ses mains les deux tiers d'un Empire. Je ne vois point que cette manière toute naturelle de présenter les choses soit glorieuse pour les étrangers. Leur modération, leur désir d'épargner le sang, voilà ce qui doit sauver leur gloire. Le triomphe de Buonaparte n'a pu avilir les étrangers ; il n'a déshonoré que les adorateurs de sa puissance, et ces flatteurs mêmes, on les eût également trouvés dans d'autres siècles : c'est le sort des heureux de recevoir des louanges, dont le ridicule grandit avec leur fortune. Cependant laissez-lui ses anciennes victoires, ce sera beaucoup plus simple, et vous arriverez alors à cette conclusion utile, que la justice doit être le premier soutien des trônes, que tous les talens possibles le cèdent aux qualités loyales, aux vues généreuses, et que désormais il faudra rarement invoquer Minerve sous le nom de Pallas.

« Une île séparée de la contagion, dit l'au= » teur de ce Tableau, a conservé cette santé » politique qu'elle doit au double bonheur » d'appartenir à l'Europe par ses usages, et » d'en être séparée par les mers. » Cette réflexion est pleine de justesse; mais il ajoute : « Ce n'est pas l'Océan qui lui a donné une » Constitution.... Ce n'est pas l'Océan qui lui » a donné son patriotisme ». Selon moi, c'est l'Océan même. Je veux dire que c'est le pouvoir militaire de Buonaparte qui l'a rendu presque indépendant des Constitutions de la France, et que ce pouvoir militaire il ne l'eût pas eu si la France, bornée à dix ou douze millions d'habitans, eût été séparée du Continent.

Je crains que cet auteur n'ait commis une indiscrétion (1). « La patrie en Portugal n'é-

______

(1) Même doute relativement à un autre royaume : car *la Providence ne pouvant* pas tout-à-coup rendre à la Suède sa prépondé-

» tait plus la patrie ». Peut-être, lui répondrait-on à Saint-James : Qui vous a dit qu'on voulût rendre au Portugal son indépendance, qu'on voulût, après tout un siècle, changer ses complaisantes habitudes?

Si j'en jugeais par le petit nombre de Feuilles nouvelles qui me sont tombées sous les yeux, les intentions louables me paraîtraient moins rares que l'entière bonne foi et la justesse d'esprit. Trop souvent on compose de faits réels un ensemble imaginaire, ou bien, en dénaturant ce qui est certain pour donner plus d'avantage à ce que nous pouvons à peine conjecturer, l'on attribue des effets heureux à des causes très-belles, mais très-peu vraisemblables.

Raisonnant toujours sur les moyens, d'après les suites apparentes, et sur les premières intentions d'après les derniers faits, on suppose que le rétablissement des Bourbons est l'œuvre de l'Europe. Cependant il résulte des négociations mêmes que ce grand nom, prononcé à tout événement, doublait les forces des Alliés; mais que c'est la France qui a donné à

____

rance passée, comment savoir si elle trouvera quelque moyen de lui faire ce plaisir un peu plus tard?

cette proposition des suites sérieuses. L'intérêt des étrangers a mis la chose en question;
le choix d'un grand nombre de Français l'a
décidée. L'Empereur, faisant la paix au milieu
de mars, continuait de régner. Quinze jours
plus tard il pouvait abdiquer, et la paix se
faisait avec des résultats moins simples, qui,
en lui ôtant la couronne, ne la donnaient pas
à Louis XVIII. Attribuer aux Alliés des desseins moins faciles à pénétrer, ce serait évidemment leur supposer une conduite per-
fide. Pour que la confiance du Roi et la nôtre
soient entières, il importe que cette vérité soit
reconnue, qu'un Roi qu'on nous prescrirait
de recevoir serait bientôt rejeté pour cette raison même. Considérez de plus, que si le Roi n'a
pas été admis par le libre vœu de cette partie
de la Nation qui pouvait la représenter pro-
visoirement, rien alors n'est terminé. La paix
n'est qu'une suspension d'armes que rien ne
motive; il n'y a plus ici ni lois ni Gouvernement; notre repos est trompeur, nos espérances sont absurdes, et dans cette inexpli-
cable situation des choses, il faut que tous les
hommes de bien périssent, ou que l'Etat soit
entièrement bouleversé. Enfin, si le Roi était
placé sur le trône par une force extérieure, il
resterait exposé à recevoir du dehors une loi

nouvelle, ce que la France ne pourrait souffrir; mais ce sont les Français qui l'ont fait Roi; il est le Roi français qui, hors de l'Etat, ne doit à qui que ce puisse être rien, absolument rien, si ce n'est ce qu'on doit toujours comme homme à la justice, et comme chef de la France aux alliances qui se forment.

En politique il est assez sage, je crois, de n'avoir aucune défiance de ses amis, et de supposer que chacun d'eux est très-sincère; mais de rester en famille, fermes et bien unis, jusqu'à ce que les résultats aient confirmé ces intentions sur lesquelles on fonde l'espérance d'un long repos.

Si le peuple est plein de confiance dans son Prince, si ce Prince a l'âme du Béarnois, si ce peuple est le peuple de France, l'avenir n'a rien d'alarmant. Cet avenir est confié à la sagesse du moment actuel. Quant au passé, que doit-il en rester? Quelques leçons, et point d'autres souvenirs. Tel qui blâme avec trop peu de ménagement de certaines opérations du dernier règne, attaque, sans le savoir, des hommes puissans dont il fait dans la même page un pompeux éloge..... Il faut voir avec indulgence ces temps où il étoit si difficile de rester irréprochable, sans rester solitaire. Il faut abandonner des intérêts si nombreux, si confus, et sur de vieux débris recouverts de tant de débris modernes il faut élever une France nouvelle ; il faut retrouver, pour cette jeune patrie, cette candeur des premiers sentimens, ce fidèle amour qui fait le charme de la jeunesse des Nations.

C'est le présent qu'il faut juger avec une impartiale sévérité dans ce qui ne concerne point les individus. On sait que l'histoire ne veut ni réticences, ni subterfuges, et qu'elle n'instruit qu'en montrant à découvert l'enchaînement des faits ; or les considérations politiques du jour appartiendront bientôt à l'histoire, il est bon que d'avance elles en prennent les couleurs simples et le caractère véridique. Toute prévention est vicieuse et fournit à l'imposture de nouveaux prétextes, de nouveaux moyens. En montrant de la confiance aux hommes d'État, mais en leur prouvant que la vérité est un besoin du siècle, on substituera la vraie politique à celle des Guillaume III, des Médicis, ou des Buonaparte. Il faudra tôt ou tard que l'on se conduise dans les grandes choses, comme un honnète homme se conduit dans les petites. La morale publique n'est qu'un joug imposé sur le faible, et tout l'ordre social est perverti, si de prétendues raisons d'État peuvent jamais prévaloir contre la justice. Si seulement on admet que de fortes considérations accidentelles peuvent contre-balancer les lois premières, il n'y a plus de règle, plus de sûreté; les fausses excuses de la politique deviendront communes à toutes les relations de la vie; cette corruption descendra de proche en proche; dans les moindres affaires on imitera les ministres, et la bassesse des premiers rangs s'introduira jusque dans les plus humbles classes de la société.

On fait grand bruit de l'art de gouverner : mais quand cet art ne concilie pas le succès avec l'équité; quand on se borne à des choses ordinaires, comme de maintenir la soumission et la police dans un Royaume, d'en distribuer les habitans par échelons, et de tenir la première classe sous le joug, en l'épargnant, à condition qu'elle caressera et soumettra la seconde, et ainsi jusqu'à la dernière, qu'on enferme à l'hôpital pour que sa misère soit inconnue (1); quand on paye les soldats, pour qu'ils forcent le peuple à payer; quand les hommes déjà enrôlés réduisent les autres à s'enrôler aussi; quand on copie cette manœuvre un peu compliquée après dix siècles d'es-

____

(1) Alors on dit dans les Journaux que nul n'a pu, avant l'Empereur, débarrasser la société de ces mendians importuns, etc.

sais, et qu'on est soutenu par les conseils d'une centaine d'esprits choisis et dociles, qui en ont sous eux cinq ou six mille autres avec qui ils partagent leur proie, cela n'est pas très-fin : un père de famille qui, sans être secondé par la fortune, conduit bien sa maison nombreuse, a quelquefois besoin d'une plus grande industrie, et pourtant on ne l'appelle point *Divus Augustus*.

On donne le nom de dignité impériale à un faste onéreux et puéril. La vraie grandeur n'a pas besoin de ce charlatanisme. Mais le Monarque est au centre du tourbillon; il sera plus ébloui que les autres hommes, s'il a l'esprit aussi faible. C'est chez elle qu'il faudrait interroger la multitude; il est inutile de l'observer dans les carrefours; elle y est également avide, et de ce qui lui plaît, et de ce qui lui déplaît, pourvu qu'il y ait de l'éclat et du mouvement.

Les Princes croient trop facilement que tout Prince est aimé. Voyant le peuple et l'oisive bourgeoisie courir dans la crotte sur leur passage, surtout si leur voiture est très-jaune, si leurs chevaux dressent bien la tête, ils se persuadent que cet excellent peuple éprouve un vrai besoin de voir son maître, quel qu'il soit.

Même dans les derniers temps, dit-on, il y

avait foule au pont Royal, pour voir sortir la voiture de l'Empereur. Cette foule faisait-elle des vœux pour lui ? Le peuple se montre à toutes les fêtes ; mais elles sont inutiles au peuple, inutiles à celui qui les donne, si l'occasion même de cette fête n'est pas un sujet de joie publique.

Dans une feuille intitulée *Du Sénat et non pas le Sénat*, il est dit assez clairement que la religion défend au Roi d'avoir de la modération, de faire oublier toutes les divisions, de réunir en une même famille toutes les parties de l'État. Le Roi y est même blâmé, discrètement il est vrai, d'avoir promis l'oubli du passé. Si ce morceau n'était pas un peu long, je le transcrirais ; on y verrait briller les mots, infâmes, forcenés, impies, sacriléges, apostats : c'est avec cette sagesse qu'on reproche leurs excès à des hommes coupables, et même leurs erreurs à des hommes trompés ; c'est avec cet amour de la paix que l'on prétend effacer le souvenir des longs troubles, et ramener à des mœurs plus douces ceux dont l'administration turbulente ne renaîtra pas. L'intolérance peut quelquefois obtenir la stupeur, mais jamais elle ne produit le repos. Je ne dirai point qu'elle n'est pas conforme au véritable esprit de la religion ; il y a quinze ou seize cents ans qu'on répète cela, et qu'on l'oublie; mais je rappellerai que la religion a presque toujours eu des ministres dociles aux volontés puissantes, et que ce serait une chose malheureuse qu'on trouvât maintenant moins de dispositions pacifiques que l'Empereur n'a trouvé de condescendance, et même d'empressement.

Si j'avais le dessein de faire de cette Lettre un morceau régulier, je trouverais facilement ici quelque transition; car j'ai un mot à dire de la tolérance religieuse dans les lois constitutionnelles. Je comparerai la liberté de la presse à la liberté des cultes. Non-seulement ce dernier principe n'était point reconnu dans la Constitution proposée en Espagne (1);

____

(1) Le roi d'Espagne a rejeté hautement cette Constitution : on dit qu'il en sera fait une autre, mais on dit aussi que l'Espagne n'aura peut-être aucune Constitution nouvelle.

Ceci n'est point de mon objet : d'ailleurs ce qui peut réussir dans un pays est impraticable dans un autre.

On voudrait entendre de la bouche du roi de France ce vieux mot tant regretté : Nous régnons, parce que tel est notre bon plaisir. Les hommes de cour ont un orgueil qui leur est particulier. Bien que sujets, ils croient s'élever en élevant leur *maître*, en cherchant à abaisser les autres hommes. Leur rampante fierté s'explique; car, s'ils sont à genoux, c'est auprès du trône. Dès qu'ils hantent le palais des rois, ils se croient de la famille; leur manie rappelle doublement ce mot de la gouvernante d'un curé de campagne : Soyez donc plus recueillis, mes bonnes gens, lorsque nous disons la messe.

mais il y était dit : L'exercice de toute religion, autre que la religion catholique romaine, est défendu. Je n'examine pas si la chose doit être ainsi chez les Espagnols ; je me borne à la question générale. Il serait possible que l'on regardât la liberté de la presse comme plus universellement réclamée. Les publicistes doivent y prendre un intérêt immédiat. Elle est d'ailleurs demandée par tous ceux qu'on appelle hommes de lettres, et, grâce au travers de notre temps, c'est une partie assez considérable de la population. Les nombreuses voix des intrigans sont aussi plus favorables à la liberté de la presse, dont ils peuvent beaucoup attendre, qu'à celle d'établir ou de favoriser des sectes nouvelles ; spéculation qui réussirait si difficilement parmi nous. Ils écrivent beaucoup moins ceux qui n'ont d'autre prétention que de suivre paisiblement leur croyance ; mais si le besoin de la liberté des cultes est moins visible en quelque sorte, je le crois plus impérieux, du moins dans chaque Etat pris à part. Si nous supposons que dans une partie de l'Europe on imprime librement ce qui ne peut compromettre les intérêts légitimes d'aucun individu, cela seul diminue beaucoup les inconvéniens de la loi contraire dans les pays où elle serait maintenue. Pour que les lumières s'étendent, il suffit que le foyer subsiste ; quoi que l'on puisse faire, il y a toujours un peu de communication, c'est une suite de la nature des choses ; mais la liberté de conscience établie dans un pays n'empêche point dans un autre la totale oppression des hérétiques. Nul n'étant obligé de dire toute sa pensée, l'avantage de la dire ouvertement n'est qu'un besoin du second ordre ; mais c'est un devoir, et dès-lors une nécessité, de suivre le culte que l'on croit divin. Dans la première supposition, vous êtes privés d'une satisfaction importante et juste ; dans la seconde, vous êtes livrés à une contrainte, à une douleur intolérable. Si l'on réprime la pensée, vous ne portez que le joug d'une loi inutile, ou celui des agens d'une autorité ombrageuse ; mais quand on proscrit votre culte, vous devenez le jouet du public, d'un public ignorant, opiniâtre et tout fier de la sainte haine qui le tourmente. Ceux qui publiraient leur pensée ont en général des talens, des ressources, une force quelconque : ceux que le zèle d'un culte privilégié poursuit jusque dans le silence de leurs ménages, ce sont au contraire les femmes, les vieillards, les bonnes gens, des individus très-éloignés de l'intention de nuire, et privés de tout dédommagement. Ils échappent quelquefois au malheur dans les grandes villes; mais on ne saurait dire ce qu'ils souffrent dans les campagnes. Que l'on se taise en politique, si la Constitution est bonne d'ailleurs, il n'en résultera point d'animosité, point de fanatisme. Mais interdire un culte, c'est dévouer à l'anathème tous ceux qui le professent. La foi n'est point sous la dépendance des hommes; on désobéira donc, et l'on se fera traîner au supplice. — Mais on peut sortir de l'Etat. — Ce sont de dures extrémités. Un Locke, un Montesquieu, s'ils voulaient écrire, pourraient quitter leur patrie, ils seraient presque sûrs d'en trouver une autre; mais quel sera l'asile de gens pauvres, quelle sera la consolation d'une famille entière que rien ne distingue, que nul étranger ne protégera?

On trouve dans ce même plan de Constitution un article remarquable sur l'amélioration du sort des prisonniers. En France on a, je crois, trop peu insisté sur ce point essentiel. Les *honnétes gens,* oubliant combien d'individus de toutes les classes avaient été injustement détenus, se croyaient à l'abri de ces sortes de misères. Il faut s'occuper enfin des maux obscurs; les autres n'ont jamais autant d'amertume. Tout cède à la voix des hommes puissans, lors même qu'ils ne commandent pas; mais le respectable Howard n'a presque rien obtenu. Les maux soufferts avant le jugement, par les coupables même, n'ont point d'excuse dans les pays où l'on prétend qu'il existe des lumières et de la liberté. Puisse-t-on reconnaître en France que les lois heureuses sur des objets particuliers, ces lois dont il résulte du bien sans mélange, font la grandeur des Monarques qui les demandent; que ce sont elles qui les rendent chers à tout le peuple, et qui, à la place d'une vénération irréfléchie pour leur dignité, lui inspirent pour leur personne des sentimens inaltérables!

L'auteur de l'*Esprit de Conquête* « préfère, s'il faut opter, le joug religieux au joug politique ». Les raisons qu'il en donne sont d'un grand poids; mais, en examinant la question avec plus d'étendue, l'on serait peut-être d'un avis tout contraire. Le joug politique est terrible; mais quand il est imposé à des Nations qui n'en portent point d'autre, il peut cesser tout-à-coup. Que résultera-t-il en dernier lieu des écarts de Buonaparte, de ce qu'il y avait de trop absolu dans son Gouvernement? plus d'attachement peut-être aux vrais principes (1), plus de confiance dans l'autorité d'un bon Roi. Mais tant de victimes ! le joug reli-

---

(1) On a imprimé diversement et avec plus ou moins d'inexac-
titude ce que Buonaparte a dit aux membres du Corps législatif
le premier janvier.

Selon un de mes parens qui était à Paris, et qui à la vérité ne
l'a su que par oui-dire, voici comment la chose se termina.

Un Député. V. M. a évidemment raison sur plusieurs points,
et dans les autres elle a seule en ce moment le droit de parler.

L'Empereur. Que pourriez-vous dire ? Voyons.

Le Député. Que si le Corps législatif n'est pas législatif, si la
Nation est représentée surtout par l'Empereur et par les Séna-
teurs, ce Corps est nul, et la Constitution illusoire. Lorsqu'on
est appelé au trône par *vingt-quatre millions* de Français, ce n'est
pas la peine de ne leur laisser qu'une Constitution apparente.

Qu'une centaine d'hommes de loi, travaillant sous la dictée des
Conseillers d'Etat, eussent valu un pareil Corps législatif ; faire
choisir par des Colléges électoraux ces députés inutiles, c'est se
jouer de la France, et sans but.

Que le moment où l'ennemi s'approche convient mal, sans
doute, pour faire des observations ; mais que les tours de Vin-
cennes font choisir ces momens-là. Et il en est ainsi, non-seulement parce que dans d'autres temps on craint de parler, mais
surtout parce qu'on serait sûr de n'être pas écouté.

Que si V. M. *a besoin de consolation*, c'est pricipalement à sa
cour à le savoir : mais notre devoir, à nous, est de songer à cinq
cent mille familles qui ont aussi besoin de consolation. Vous
trouvez la vôtre, Sire, dans la célébrité de votre nom ; vous la
trouverez aussi dans le plaisir de voir que vos châteaux forts sont
encore debout. J'attends votre ordre pour savoir dans lequel je
dois me rendre.

L'Empereur. (Assez tranquillement, mais après un moment
d'hésitation) Vous pouvez vous retirer.

gieux les eût immolées de même ; et comme les idées purement religieuses ne sont point un joug, et que dès-lors il n'y a point de joug religieux sans beaucoup de superstition ou beaucoup de fanatisme, les opinions deviennent fausses, l'hypocrisie, la sottise, les haines ne peuvent cesser à la mort de l'imposteur, et la morale est altérée pour un siècle.

« Un usurpateur siége avec effroi, dit M. de » Constant, sur un trône illégitime..... Tandis » que les Rois, même vaincus, n'abjurent point » leur dignité, pourquoi le vainqueur de la » terre cède-t-il au premier échec » ? Le premier échec eut lieu en 1812, et il fut si grand, qu'on trouverait difficilement dans l'histoire européenne quelque autre perte aussi désastreuse. Buonaparte n'a donc pas cédé au premier échec : il a déclaré des intentions contraires, et il s'est soutenu jusqu'à ce que les événemens de Leipsick et la défection de la Bavière lui apprissent qu'il n'y avait plus rien d'assuré pour lui, à l'exception peut-être de la France proprement dite et du royaume d'Italie.

« Il y avait en France, sous la Monarchie, » soixante mille hommes de milice, l'enga- » gement était de six ans. Ainsi le sort tom- » bait chaque année sur dix mille hommes. » M. Necker appelle la milice une effrayante

» loterie. Qu'aurait-il dit de la conscription »? Ce n'est pas avec dix mille hommes levés chaque année que Louis XIV eut quatre cent mille hommes sous les armes. Il existait donc, pour s'en procurer, d'autres moyens dont il a pu résulter des abus moins secrets que hideux. Le mot *effrayante*, employé par Necker, ne se rapporte point au nombre d'hommes exigés annuellement. Le grand vice de la conscription n'est pas dans l'idée d'un mode légal et uniforme, mais dans le défaut d'exceptions régulières, et des limites difficiles à franchir (1).

Les destinées humaines sont inépuisables. La fortune semble revenir, il est vrai, sur les traces du passé; mais c'est un cercle qu'elle agrandit tous les jours dans les écarts imprévus de sa marche à-la-fois antique et nouvelle. Maintenant elle veut qu'un homme qui fit des choses éclatantes, et qui fut revêtu d'un grand pouvoir, survive à ses desseins. Il voit sa marche suspendue tout-à-coup; ce rapide mouvement

---

(1) Vous êtes d'un autre climat, d'une autre terre, etc., dit le même auteur en parlant de Buonaparte. Vous aurez trouvé à-peu-près la même chose dans ma première Lettre. Si j'avais connu ce passage de M. de Constant, il est probable que je ne me serais pas servi de son idée, en l'exprimant moins bien, et en la présentant avec moins de développemens.

ne l'agite plus, et l'avenir paraît lui manquer; il se cherche lui-même dans ce qui vient de finir; il demande à son génie inflexible, mais déconcerté, comment elles sont devenues stériles ces années irrévocables. Dans la force de l'âge, impatient au milieu du silence, il revoit sa longue erreur. Réduit à une force vulgaire en présence du temps, il est là sur un rivage dont la paix l'inquiète, et dont les bornes l'indignent : il écoute les reproches, il laisse tomber les viles imputations (1); il attend le jour

---

(1) Parmi d'étranges accusations on peut remarquer celle d'avoir donné l'ordre de faire sauter le magasin à poudre de Grenelle, *pensant avec joie que la plus grande partie de la ville* serait détruite par l'explosion. *Mais*, ajoute-t-on, *la Providence n'abandonna pas cinq cent mille âmes, etc.* Je conçois que l'idée seule de cette explosion, dangereuse sans doute, ait inspiré à quelques Parisiens une terreur qui ne se dissipera de long-temps. Mais dans un tel trouble d'esprit ordinairement on s'abstient d'écrire. Pourquoi les cinq cent mille habitans de Paris n'abandonnent-ils pas leurs maisons, si elles doivent être renversées, jusque dans l'île Saint-Louis, par une explosion qui enfin peut tous les jours arriver, et qui eut lieu, en 1794 je crois, sans qu'on eût reçu l'ordre de détruire Paris?

S'il est quelque haine qui puisse justifier l'excès de la calomnie, toute morale est problématique. Si donc la morale subsiste au contraire, on ne peut garder le silence sur de telles assertions.

En voici une moins burlesque, mais fausse par l'exagération. L'on ne pouvait, dit-on, imprimer un livre sans y avoir mis des louanges pour le chef du Gouvernement. Mais, à ma connaissance personnelle, un manuscrit a passé à la censure en 1813.

prochain où, après tous les murmures, la voix de quelques hommes justes lui annoncera les sévères jugemens de la postérité.

Si jamais son fils, qui pouvait hériter d'une si grande puissance, et qui l'a perdue avant de la connaître, se trouvait inopinément à la tête d'un État, sur quelque rivage éloigné, peut-être le guerrier des Pyramides, instruit par tant de vicissitudes, lui dirait-il : — Ne vous livrez point à la première impétuosité

---

sans que l'auteur ait reçu l'invitation d'y placer des hommages de ce genre.

Il est des personnes qui prétendent que *tout le monde dit* ce qu'elles entendent dire dans la rue, dans les cafés. Pourquoi écouter ceux qui ne peuvent vivre sans bavarder au milieu de leur ignorance ? Ces êtres-là *criaillent*, mais ils ne parlent point : la parole n'a été donnée qu'à l'espèce raisonnable.

Il est vrai que sans esprit de parti l'on ne peut être que froidement approuvé. Nul n'ignore qu'en général le moyen de jouer un rôle dans ce qu'on appelle le monde, de se faire un nom célèbre, ou de parvenir, c'est de se déclarer hautement pour quelque passion dominante. Les circonstances pourront changer, le héros que vous aurez proclamé ce que la terre a de plus grand ne vous écoutera plus, vous perdrez votre maître; mais, étant très-connu, vous serez accueilli par un autre. Tandis qu'on emmènera le premier, que ferez-vous ? Vous vous écarterez seulement un peu de la route; vous vous cacherez pour quelques momens dans le nuage de poussière que produit cette catastrophe, et à peine aura-t-il quitté le rivage, que vous relèverez la tête, et vous vous montrerez plus illustre que jamais dans les hautes régions politiques. Que si au contraire vous restez non-seulement de bonne foi, mais

des choses. Ce que la confiance et l'audace promettent ne dépend pas des facultés humaines, et l'héroïsme est plein d'illusions. Gardez-vous de croire à la haute sagesse, à l'importance d'un homme. C'est la force invisible qui dispose des lauriers et des diadèmes. Je pouvais beaucoup, d'un mot je changeais le sort de plusieurs États; et le lendemain j'ai vu se perdre dans le vide tout l'effort de ma volonté, j'ai vu l'impuissance naturelle de

---

inaccessible aux diverses illusions, occupé des seules espérances de la patrie, et curieux de balancer tous les temps, afin de juger comme la postérité jugera, si vous fuyez le tumulte des intérêts du moment, nul ne voudra vous entendre, et ce sera beaucoup si quelques anciens flatteurs publics du despote ne vous accusent pas d'être l'un de ses partisans secrets. Car enfin, diront-ils, pourquoi vous attachez-vous à le disculper sur plusieurs points ? Si même nous sommes injustes à son égard, que vous importe ? Vous avouez qu'on a de justes reproches à lui faire, laissez-nous donc aussi le plaisir de lui en faire d'autres. Que répondre alors ? Il est dans tout pays des hommes à qui l'on ne saurait parler de la chose publique, parce qu'ils vous diraient : De quoi vous mêlez-vous ? touche-t-on à vos biens ? quel rapport y a-t-il entre vos affaires et les intérêts de ce que vous nommez la patrie ? De même il en est qui, n'ayant jamais disserté qu'en faveur de leurs passions nombreuses, ne sauraient sentir pourquoi vous défendriez sous de certains rapports un homme que vous n'approuvez pas, et qui ne vous est rien. Devineront-ils l'impatience que peut vous causer l'amour du vrai ? ou bien comprendront-ils que vous voudriez éviter à votre pays le ridicule de l'excès des injures, opposé en quelques mois au délire de la louange ?

cette énergie qui m'avait fait croire que la nature me donnait l'Empire. Vous régnez; l'instrument est dans vos mains, mais il n'est pas à vous. Nul bras n'est assez fort pour retenir le sceptre que la fortune ne soutient plus. Dix-huit années de ma vie peuvent être à vos yeux le premier chapitre de l'Histoire d'un monde nouveau. En Europe, les passions fermentent encore, on les tolère, mais on ne les approuve plus : ici même, vous devez favoriser l'impulsion des esprits; il convient mieux à un Prince qui veut être illustre de marcher ainsi à la tête de ses contemporains, que de chercher à suspendre le mouvement des âges. Mon fils, il faut aujourd'hui que l'autorité soit morale, pour qu'elle soit vénérée. La gloire étonne moins le vulgaire même; on ne voit plus dans les succès une intervention céleste, une grandeur surnaturelle; le bruit du triomphe s'est affaibli, et laisse entendre les gémissemens des peuples. Et ne croyez point qu'il soit facile de revenir sur ses pas, quand on est entré dans des voies dangereuses. J'ai fait moins de fautes particulières qu'on ne le suppose. Comment donc me suis-je détruit? En adoptant, dès le principe, un système funeste; je l'ai suivi malgré la résistance de l'opinion, croyant plus facile d'entraîner l'Europe que de m'arrêter moi-même. Et pour-quoi l'Histoire, si long-temps indulgente pour ceux que leur destinée favorisa, pré-pare-t-elle contre moi des jugemens plus rigoureux? Parce que tout a changé dans le dernier siècle. Cette communication générale des idées, qui d'avance avait rendu facile la révolution de 1789, a servi ceux qui, voyant la perte de l'armée, concertèrent celle de 1814. Il est dangereux maintenant de consacrer à ses idées particulières les légions et les peu-ples. Souvenez-vous que les Princes seront soumis à l'opinion; et que ces anciens chefs militaires, devenus ensuite les maîtres des Etats, n'en sont plus que les administrateurs suprèmes. Si j'avais rencontré quelque homme exempt de faiblesse, et né pour être le véri-table ami d'un Monarque, il m'aurait retenu, il m'aurait arraché à cette activité enivrante, à ce fracas des victoires, le plus redoutable des prestiges; il aurait amoncelé devant moi les hymnes des poëtes et les grands discours des hommes en place, et il m'aurait dit froi-dement : Octave et Tibère surent aussi payer la louange, ou obtenir la docilité. Il m'eût montré, dans les bénédictions des peuples, une autre source de gloire : mon humeur al-tière, et peut-être un peu dure, ne me l'indiquait point; cependant ma raison ne l'eût pas méconnue. Après deux ou trois années de combats, l'Europe instruite de ma fermeté, convaincue de ma modération, aurait enfin joui du repos, et l'intérèt contraire d'une seule puissance n'aurait pu s'y opposer. Aussi fort, aussi actif que Charlemagne, chef comme lui d'une dynastie nouvelle, mais faisant, dans un siècle plus avancé, des choses plus utiles, j'aurais déterminé l'application de ce mot, *Je viens, après* MILLE *ans, changer ces lois grossières.* Mon fils, j'ignore si je régnerais aujourd'hui, si ce travail trompeur me serait encore imposé; mais je sens que j'aurais eu des heures heureuses, et que j'ai trop tard pressenti les vraies jouissances d'un grand Prince.

A REMIREMONT, le 30